Impressum
Verlag: BABADADA GmbH, Nedderfeld 112 , 22529 Hamburg
Geschäftsführer / Verlagsleitung: Harald Hof
Druck: Books on Demand GmbH, In de Tarpen 42, 22848 Norderstedt

Imprint
Publisher: BABADADA GmbH, Nedderfeld 112 , 22529 Hamburg, Germany
Managing Director / Publishing direction: Harald Hof
Print: Books on Demand GmbH, In de Tarpen 42, 22848 Norderstedt

skóli

shule

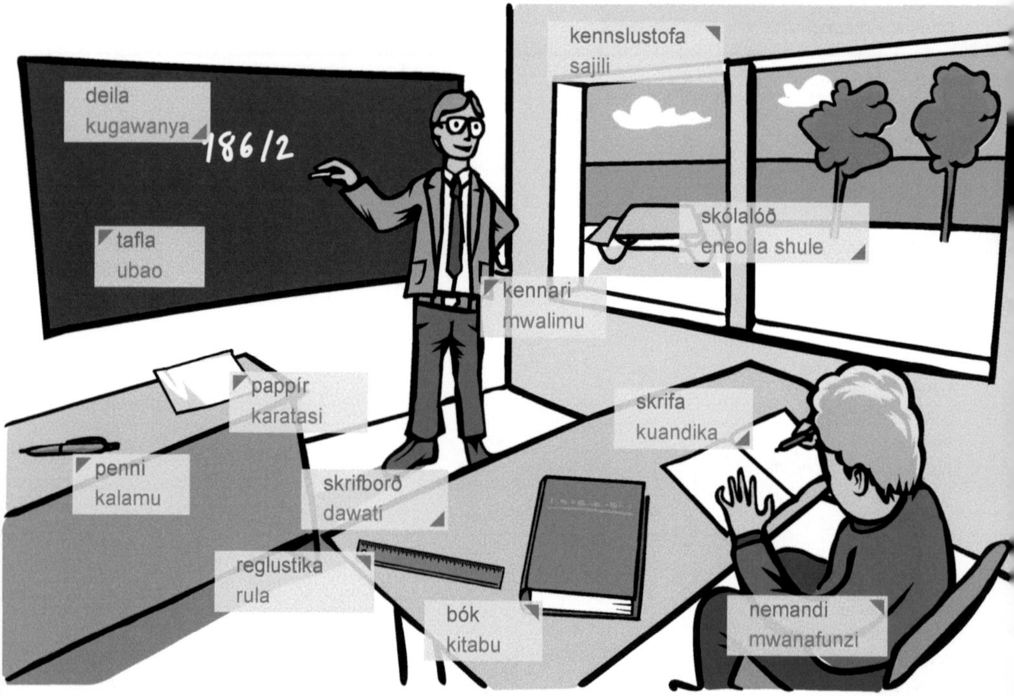

kennslustofa
sajili
deila
kugawanya
186/2
tafla
ubao
skólalóð
eneo la shule
kennari
mwalimu
pappír
karatasi
skrifa
kuandika
penni
kalamu
skrifborð
dawati
reglustika
rula
bók
kitabu
nemandi
mwanafunzi

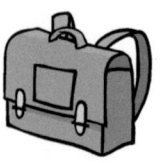

skólataska

mkoba

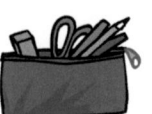

pennaveski

kikasha cha penseli

blýantur

penseli

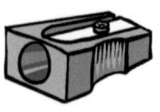

yddari

kichonga penseli

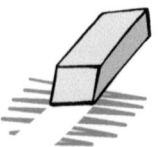

strokleður

mpira

teikniblað

pedi ya kuchora

teikning
uchoraji

pensill
brashi ya rangi

litakassi
sanduku la rangi

skæri
mkasi

lím
gundi

æfingabók
daftari

heimavinna
kazi ya nyumbani

númer
nambari

leggja saman
jumlisha

draga frá
ondoa

margfalda
zidisha

reikna
kokotoa

bréf
barua

stafróf
alfabeti

orð
neno

texti

maandishi

lesa

kusoma

krít

chaki

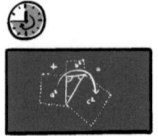

kennslustund

somo

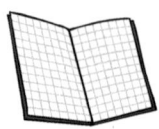

kladdi

sajili

próf

uchunguzi

vottorð

cheti

skólabúningur

sare za shule

menntun

elimu

alfræðirit

elezo

háskóli

chuo kikuu

smásjá

darubini

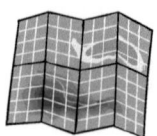

kort

ramani

ruslakarfa

kikapu cha kuweka karatasi
chafu

ferðalög
usafiri

hótel
hoteli
Grand
farfuglaheimili
hosteli
ROOMS
EXCHANGE
gjaldeyrisskipti
ofisi ya ubadilishanaji
ferðataska
sanduku
bíll
gari

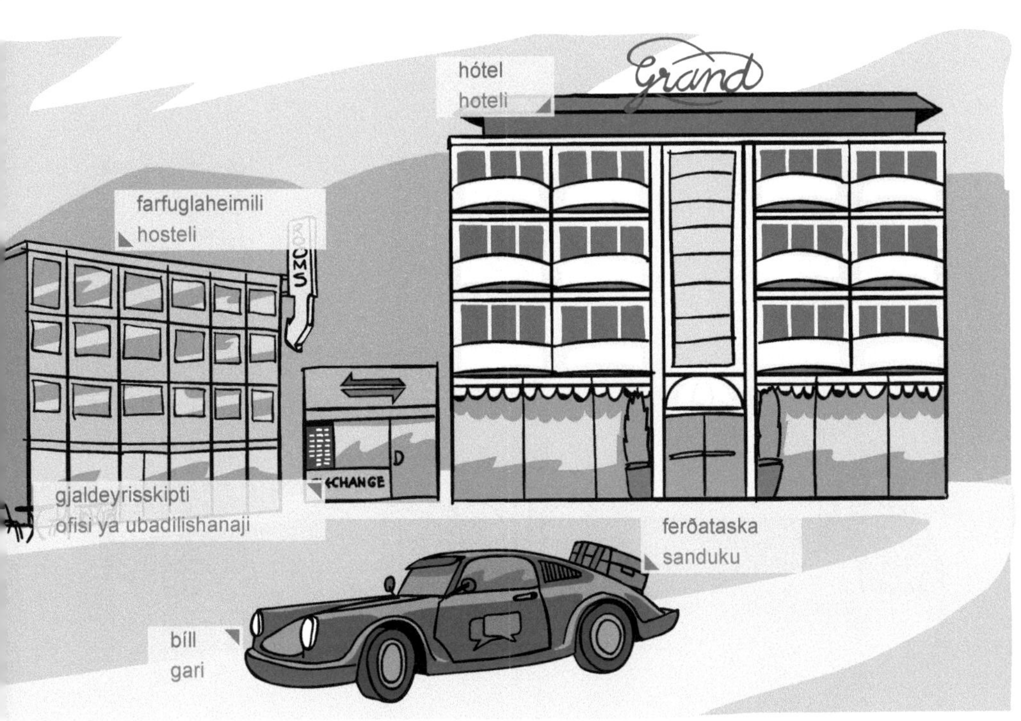

tungumál

lugha

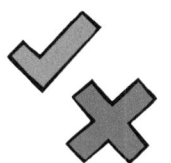

já / nei

ndiyo / la

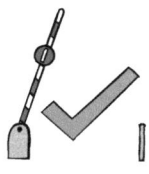

allt í lagi

sawa

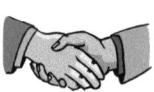

halló

hujambo

þýðandi

mtafsiri

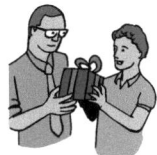

takk fyrir

Asante

hvað kostar...?

kiasi gani ni ...?

Ég skil ekki

Sielewi

vandamál

tatizo

Gott kvöld!

Jioni njema!

Góðan dag!

Habari za asubuhi!

Góða nótt!

Usiku mwema!

bless bless

kwa heri

átt

mwelekeo

farangur

mizigo

taska

mfuko

bakpoki

shanta

gestur

mgeni

herbergi

chumba

svefnpoki

begi la kulalia

tjald

hema

upplýsingamiðstöð

taarifa ya utalii

strönd

ufuo

kreditkort

kadi

morgunverður

kifunguakinywa

hádegisverður

chakula cha mchana

kvöldmatur

chakula cha jioni

farmiði

tiketi

lyfta

kuinua

frímerki

muhuri

landamæri

mpaka

tollur

mila

sendiráð

ubalozi

vegabréfsáritun

visa

vegabréf

pasipoti

samgöngur
usafiri

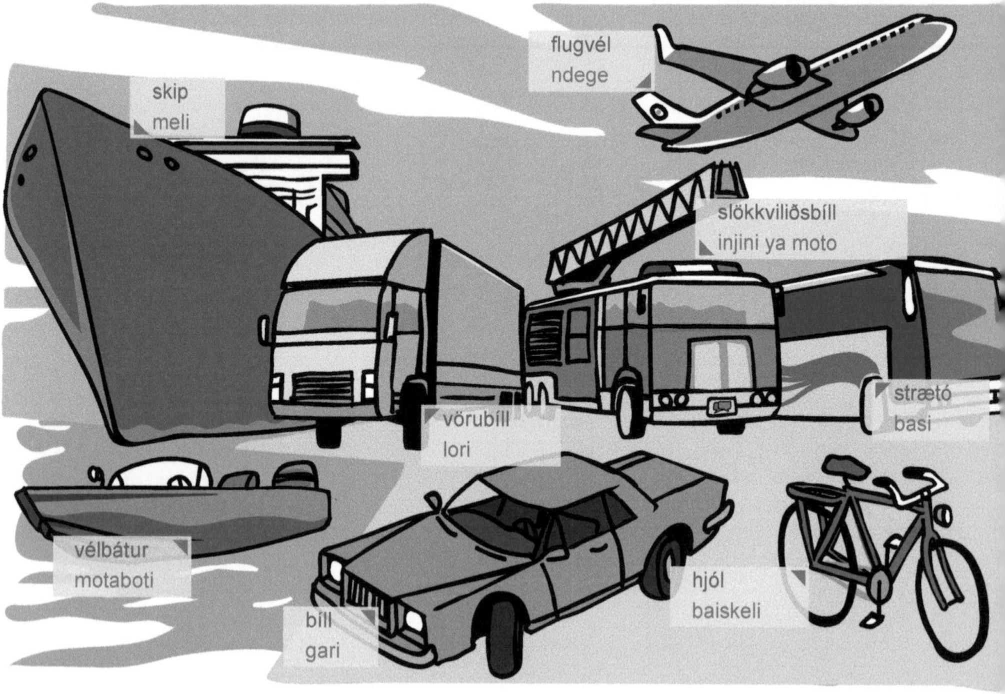
flugvél
ndege
skip
meli
slökkviliðsbíll
injini ya moto
strætó
basi
vörubíll
lori
vélbátur
motaboti
hjól
baiskeli
bíll
gari

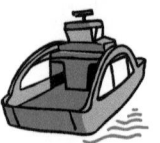

ferja

feri

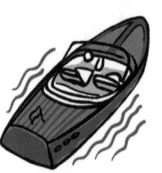

bátur

mashua

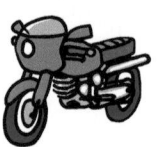

mótorhjól

pikipiki

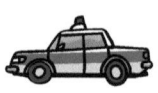

lögreglubíll

gari la polisi

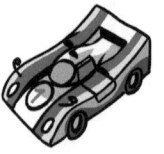

kappakstursbíll

gari la mashindano

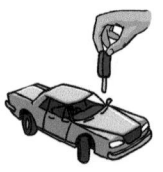

bílaleigubíll

gari la kukodisha

bílasamneyti

kushiriki gari

dráttarbíll

lori la kuvuta

öskubíll

ukusanyaji taka

vél

motor

eldsneyti

mafuta

bensínstöð

kituo cha mafuta

umferðarskilti

ishara trafiki

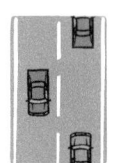

umferð

trafiki

umferðarteppa

msongamano

bílastæði

maegesho

lestarstöð

kituo cha treni

járnbrautarteinar

reli

lest

garimoshi

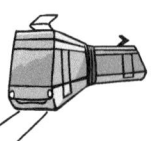

sporvagn

tremu

vagn

gari la mizigo

þyrla

helikopta

flugvöllur

uwanja wa ndege

turn

mnara

farþegi

abiria

gámur

chombo

pappakassi

katoni

kerra

mkokoteni

karfa

kikapu

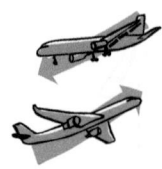

takast á loft / lenda

ondoka

borg

jiji

þorp

kijiji

miðbær

katikati ya jiji

hús

nyumba

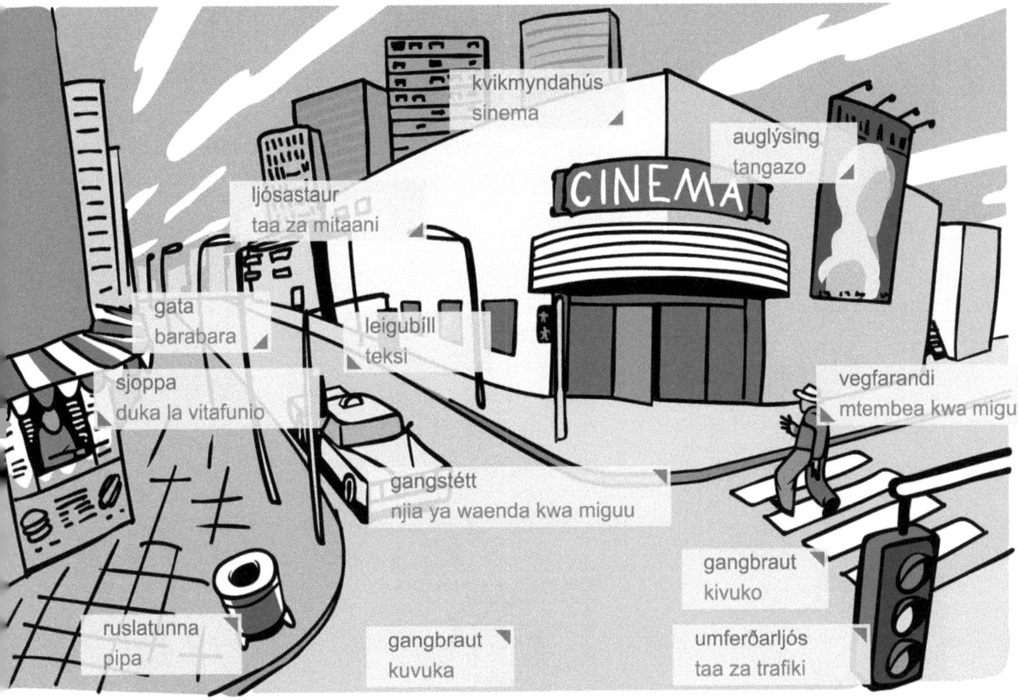

kvikmyndahús
sinema
auglýsing
tangazo
CINEMA
ljósastaur
taa za mitaani
gata
barabara
leigubíll
teksi
sjoppa
duka la vitafunio
vegfarandi
mtembea kwa miguu
gangstétt
njia ya waenda kwa miguu
gangbraut
kivuko
ruslatunna
pipa
gangbraut
kuvuka
umferðarljós
taa za trafiki

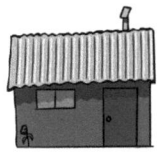

skáli

kibanda

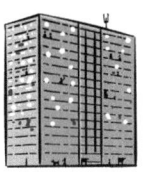

íbúð

gorofa

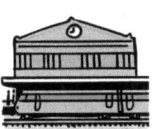

lestarstöð

kituo cha treni

ráðhús

ukumbi wa mji

MUSEUM

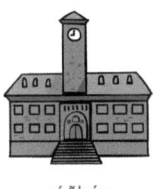

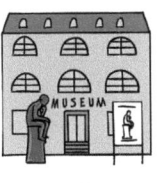

safn

Makavazi

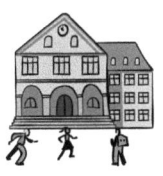

skóli

shule

háskóli

chuo kikuu

banki

benki

sjúkrahús

hospitali

hótel

hoteli

apótek

duka la dawa

skrifstofa

ofisi

bókabúð

duka la kitabu

búð

duka

blómabúð

duka la maua

kjörbúð

dukakuu

markaður

soko

stórmarkaður

idara ya kuhifadhi

fiskbúð

mwuza samaki

verslunarmiðstöð

kituo cha ununuzi

höfn

bandari

almenningsgarður

Hifadhi

bekkur

benki

brú

daraja

stigi

vidato

neðanjarðarlest

chini ya ardhi

göng

handaki

biðstöð

kituo cha mabasi

bar

bar

veitingastaður

mgahawa

póstkassi

sanduku la posta

götuskilti

ishara ya barabara

stöðumælir

mita ya maegesho

dýragarður

bustani ya wanyama

sundlaug

kidimbwi cha kuogelea

moska

msikiti

bær

shamba

mengun

uchafuzi

kirkjugarður

makaburini

kirkja

kanisa

leiksvæði

uwanja wa michezo

musteri

hekalu

landslag

mazingira

laufblað
jani

leiðarvísir
ishara ya mwelekeo

leið
njia

engi
malisho

steinn
jiwe

göngufólk
mtembeaji wa masafa

tré
mti

á
mto

gras
nyasi

blóm
ua

dalur
bonde

hæð
kilima

stöðuvatn
ziwa

skógur
msitu

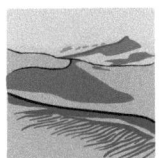

eyðimörk
jangwa

eldfjall
volkano

kastali
ngome

regnbogi
upinde wa mvua

sveppur
uyoga

pálmatré
mtende

moskítófluga
mbu

fluga
kuruka

maur
chungu

býfluga
nyuki

kónguló
buibui

bjalla

mende

froskur

chura

íkorni

kuchakuro

broddgöltur

nungunungu

héri

sungura

ugla

bundi

fugl

ndege

svanur

swan

villisvín

nguruwe mwitu

dádýr

kulungu

elgur

aina ya kongoni

stífla

bwawa

vindmylla

tabo ya upepo

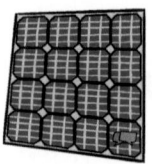

sólarrafhlaða

nishaji ya jua

loftslag

hali ya hewa

veitingastaður
mgahawa

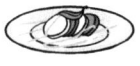

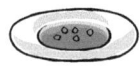

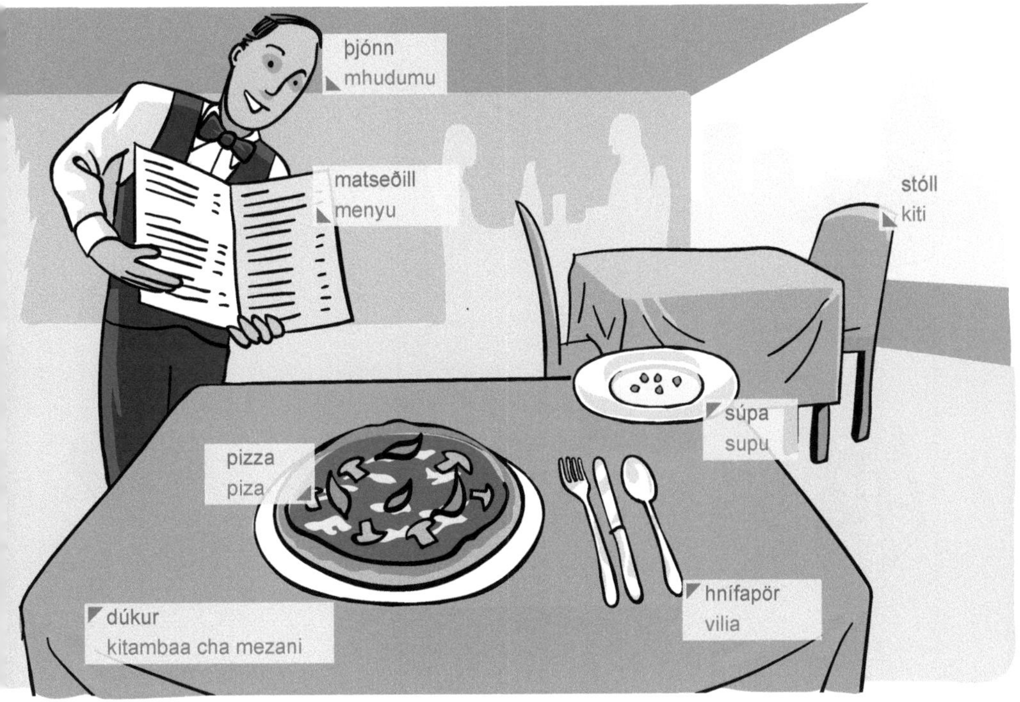
þjónn
mhudumu
matseðill
menyu
stóll
kiti
súpa
supu
pizza
piza
hnífapör
vilia
dúkur
kitambaa cha mezani

forréttur

kiamsha hamu

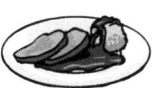

aðalréttur

kozi kuu

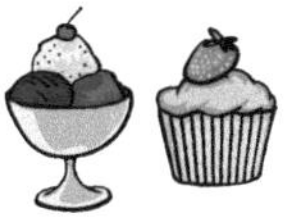

eftirréttur

kitindamlo

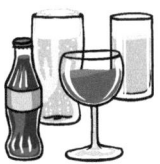

drykkir

vinywaji

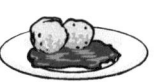

matur

chakula

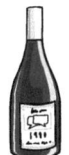

flaska

chupa

skyndibiti

chakula cha haraka

götumatur

Streetfood

teketill

buli

sykurskál

kisanduku cha sukari

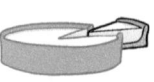

skammtur

sehemu

espressovél

mashine ya espresso

barnastóll

kiti kirefu

reikningur

muswada

bakki

trei

hnífur

kisu

gaffall

uma

skeið

kijiko

teskeið

kijiko cha chai

servíetta

nepi

glas

glasi

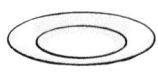

diskur
....
sahani

súpudiskur
....
sahani ya supu

undirskál
....
sufuria

sósa
....
mchuzi

saltstaukur
....
kichanyaji chumvi

piparkvörn
....
kinu cha pilipili

edik
....
siki

olía
....
mafuta

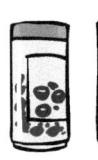

krydd
....
viungo

tómatsósa
....
kechapu

sinnep
....
haradali

majónes
....
kachumbari nzito

kjörbúð

dukakuu

tilboð
ofa maalum
FOR
viðskiptavinur
mteja
mjólkurvörur
maziwa
ávöxtur
matunda
búðarkerra
toroli

BUTCHERS

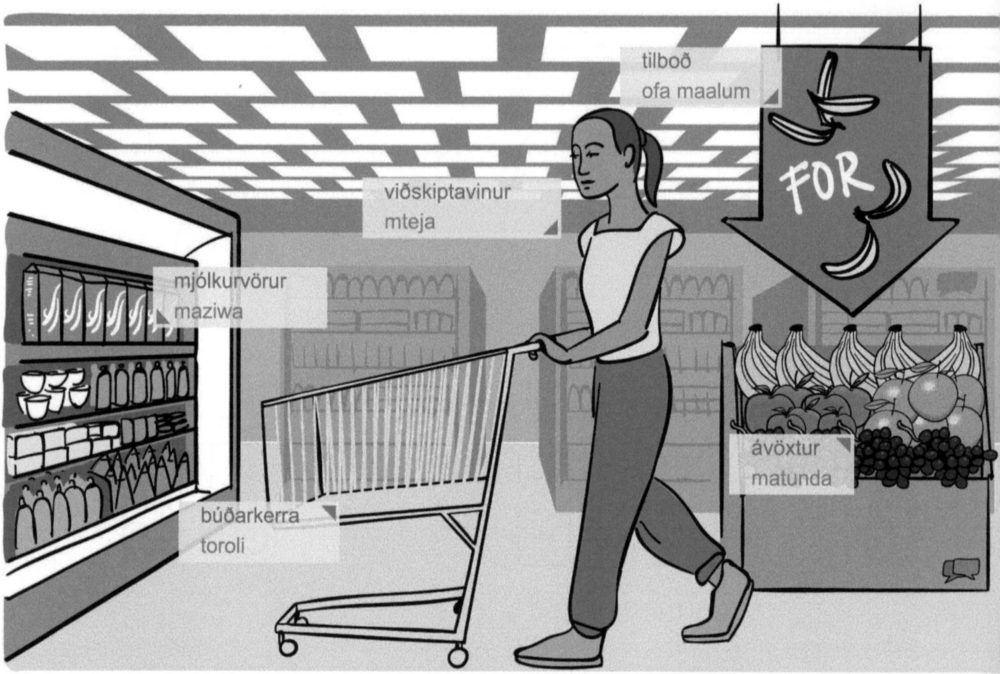

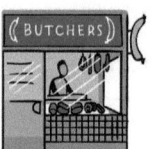

slátrari

mchinjaji

BAKERY

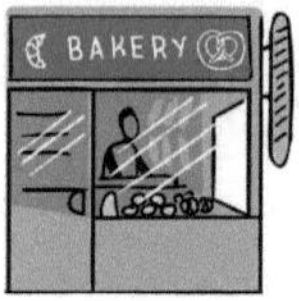

bakarí

mwokaji

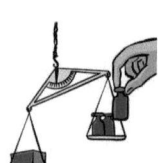

vega

uzito

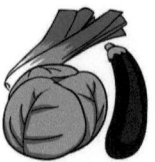

grænmeti

mboga

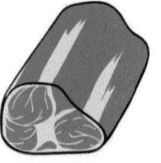

kjöt

nyama

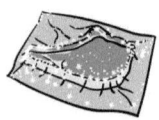

frosinn matur

chakula waliohifadhiwa

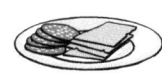

kjötálegg

pande vya nyama baridi

niðursoðinn matur

chakula cha kopo

þvottaefni

sabuni ya unga

sælgæti

pipi

vörur til heimilisnota

bidhaa za kaya

hreinsiefni

bidhaa za kusafisha

afgreiðslukona

mtu mauzo

afgreiðslukassi

mpaka

gjaldkeri

keshia

innkaupalisti

orodha ya manunuzi

opnunartímar

masaa ya ufunguzi

veski

mkoba

kreditkort

kadi

poki

mfuko

plastpoki

mfuko wa plastiki

vatn

maji

safi

sharubati

mjólk

maziwa

kók

coke

vín

mvinyo

bjór

bia

áfengi

pombe

kakó

kakao

te

chai

kaffi

kahawa

espresso

spreso

kaffi

kapuchino

banani

ndizi

epli

tufaha

appelsínugulur

machungwa

melóna

tikiti

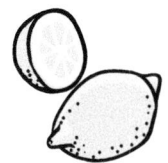

sítróna

lemon

gulrót

karoti

hvítlaukur

kitunguu saumu

bambus

mianzi

laukur

kitunguu

sveppir

uyoga

hnetur

karanga

núðlur

nudo

spagettí

spageti

hrísgrjón

mpunga

salat

saladi

franskar kartöflur

vibanzi

steiktar kartöflur

viazi vya kukaanga

pizza

piza

hamborgari

hambaga

samloka

sandwichi

snitsel

kipande

skinka

paja la mnyama

salami

salami

pylsa

soseji

kjúklingur

kuku

steik

choma

fiskur

samaki

haframjöl

oats ya uji

múslí

muesli

kornflögur

cornflakes

hveiti

unga

franskt horn

kroisanti

smábrauð

andazi

brauð

mkate

ristað brauð

mkate wa kubanika

kex

biskuti

smjör

siagi

ystingur

maziwa mgando

kaka

keki

egg

yai

spælt egg

yai kukaanga

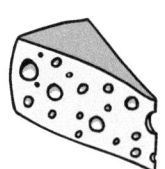

ostur

jibini

matur - chakula

ís
aiskrimu

sykur
sukari

hunang
asali

sulta
jemu

súkkulaðiálegg
kuenea kwa chokoleti

karrý
mchuzi wa viungo

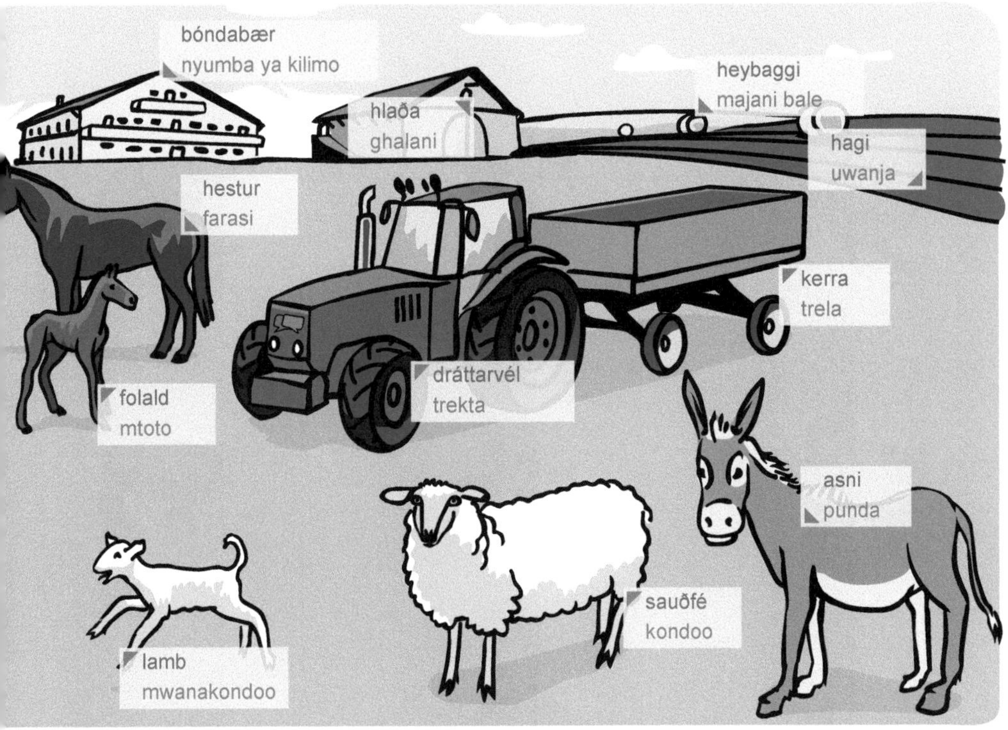

bóndabær
nyumba ya kilimo

hlaða
ghalani

heybaggi
majani bale

hagi
uwanja

hestur
farasi

kerra
trela

folald
mtoto

dráttarvél
trekta

asni
punda

lamb
mwanakondoo

sauðfé
kondoo

geit

mbuzi

kýr

ng'ombe

kálfur

ndama

svín

nguruwe

grís

mwananguruwe

naut

fahali

gæs

batabukini

önd

bata

ungi

kifaranga

hæna

kuku

hani

jogoo

rotta

panya

köttur

paka

mús

panya

uxi

ng'ombe

hundur

mbwa

hundakofi

nyumba ya mbwa

garðslanga

bomba la bustani

garðkanna

debe la kumwagilia maji

ljár

fyekeo

plógur

kulima

sigð

mundu

hlújárn

jembe

heygaffall

uma wa nyasi

öxi

shoka

hjólbörur

toroli

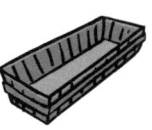

trog

kupitia nyimbo

mjólkurfata

chombo cha maziwa

poki

gunia

girðing

ua

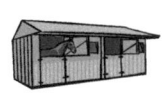

gripahús

imara

gróðurhús

chafu

jarðvegur

udongo

fræ

mbegu

áburður

mbolea

kornskurðarvél

kivunaji

uppskera
mavuno

uppskera
mavuno

kínverskar kartöflur
viazi vikuu

hveiti
ngano

soja
soya

kartafla
viazi

maís
mahindi

repja
rapa

ávaxtatré
mti wa matunda

maníókarót
muhogo

korn
nafaka

hús
nyumba

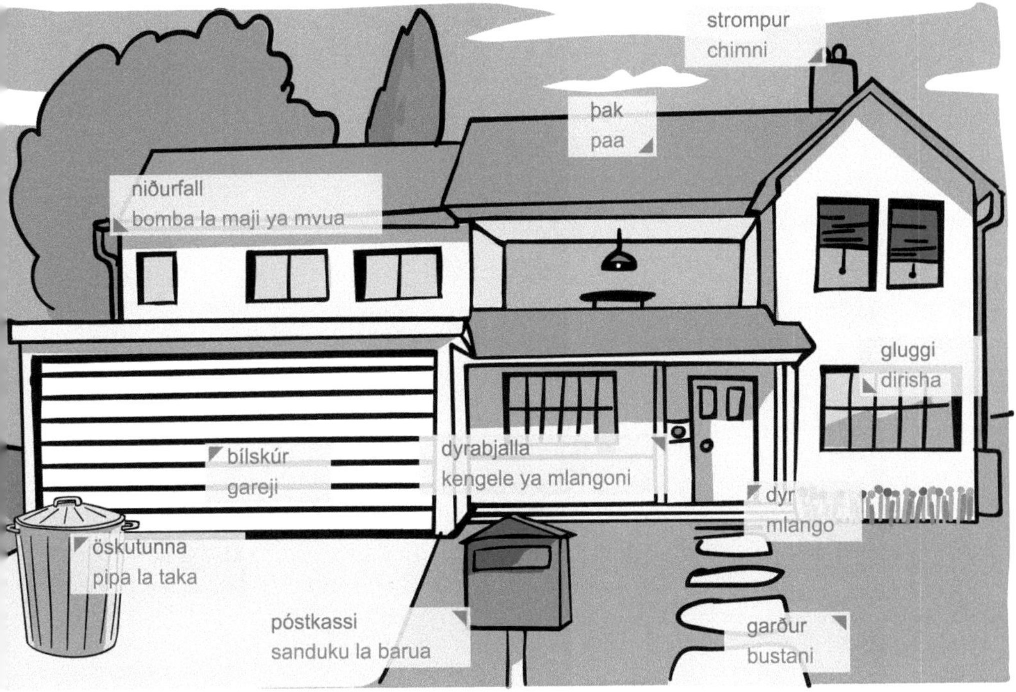

strompur
chimni
þak
paa
niðurfall
bomba la maji ya mvua
gluggi
dirisha
bílskúr
gareji
dyrabjalla
kengele ya mlangoni
dyr
mlango
öskutunna
pipa la taka
póstkassi
sanduku la barua
garður
bustani

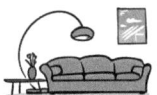

stofa

sebuleni

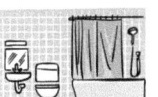

baðherbergi

bafu

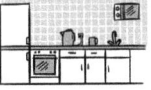

eldhús

jikoni

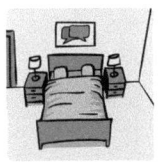

svefnherbergi

chumba cha kulala

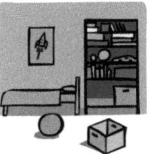

barnaherbergi

chumba ya mtoto

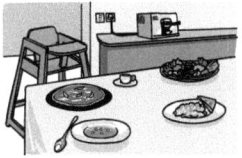

borðstofa

chumba cha kulia

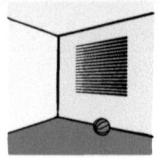

gólf
....
sakafu

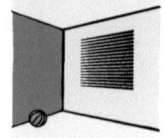

veggur
....
ukuta

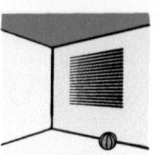

loft
....
dari

kjallari
....
pishi

gufubað
....
sauna

svalir
....
roshani

verönd
....
mtaro

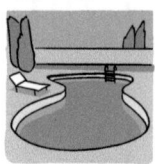

sundlaug
....
kidimbwi

sláttuvél
....
mashine ya kukata nyasi

lak
....
karatasi

rúmteppi
....
kitambaa cha kupamba
kitanda

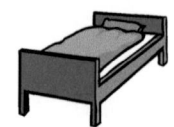

rúm
....
kitanda

kústur
....
ufagio

fata
....
ndoo

rofi
....
kubadili

stofa
sebuleni

veggfóður
mandhari
ljósmynd
picha
lampi
taa
hilla
rafu
skápur
kabati
sjónvarp
televisheni/runinga
arinn
mekoni
blóm
ua
púði
mto
sófi
sofa
vasi
chombo cha maua
fjarstýring
kitenzambali

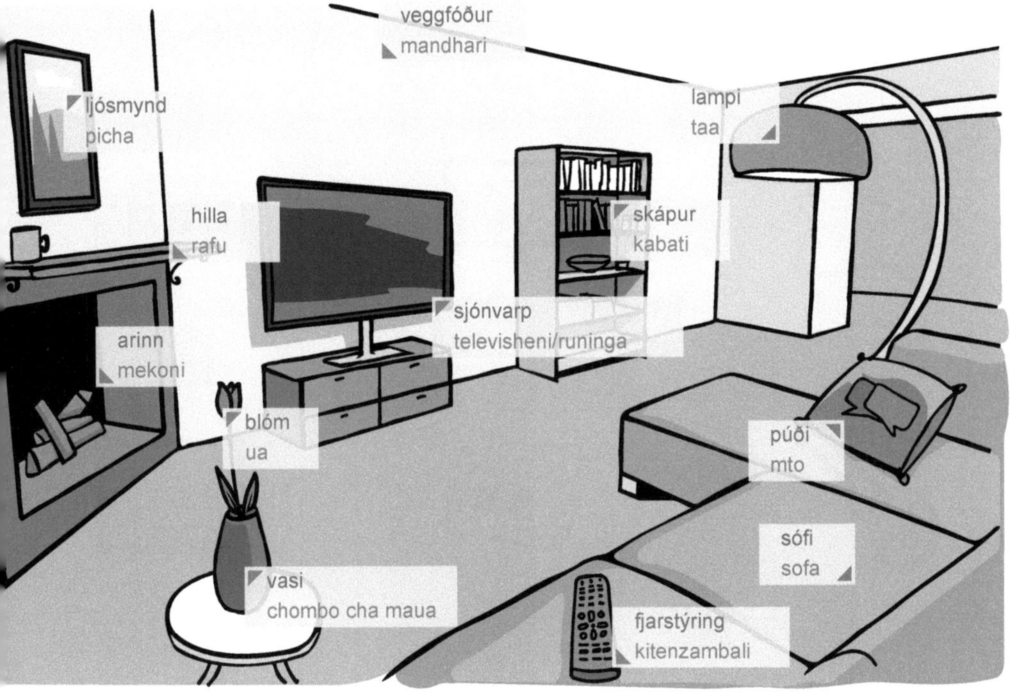

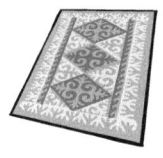

teppi

zulia

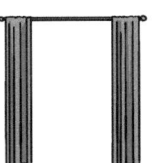

gardínur

pazia

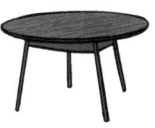

borð

meza

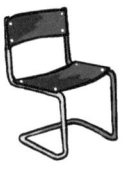

stóll

kiti

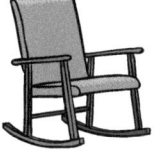

ruggustóll

kiti cha bembea

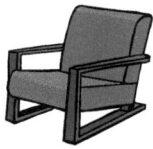

hægindastóll

armchair

bók

kitabu

sæng

blanketi

skraut

mapambo

eldiviður

kuni

mynd

filamu

hljómflutningstæki

kifaa cha hi-fi

lykill

ufunguo

dagblað

gazeti

málverk

uchoraji

veggspjald

bango

útvarp

redio

minnisbók

daftari

ryksuga

kifyonza

kaktus

dungusi kakati

kerti

mshumaa

eldhús
jikoni

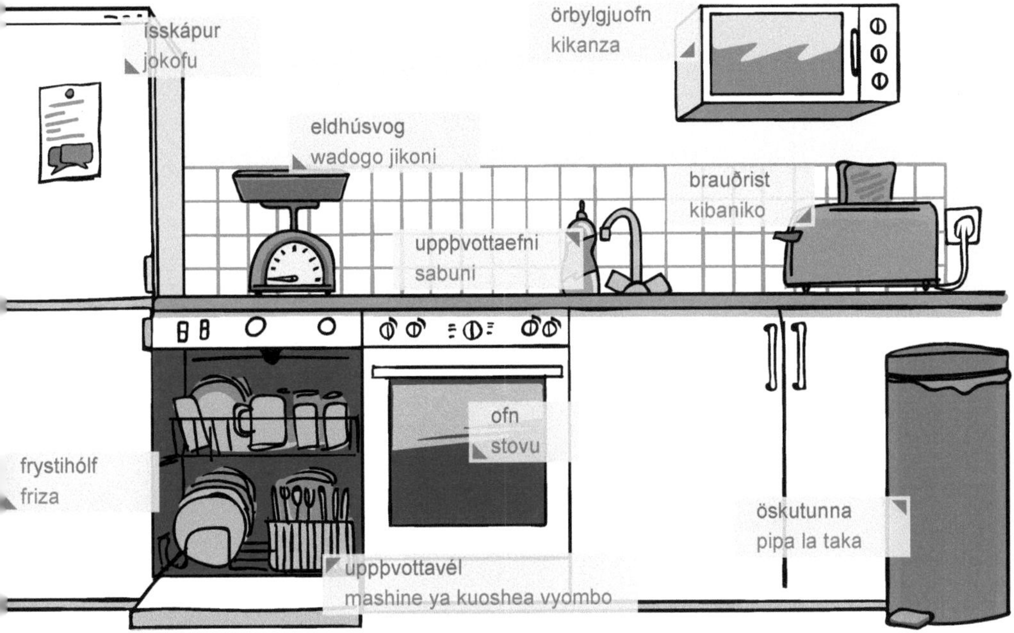

ísskápur
jokofu
örbylgjuofn
kikanza
eldhúsvog
wadogo jikoni
brauðrist
kibaniko
uppþvottaefni
sabuni
ofn
stovu
frystihólf
friza
öskutunna
pipa la taka
uppþvottavél
mashine ya kuoshea vyombo

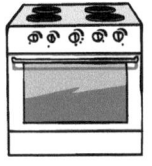

eldavél
jiko la kupika

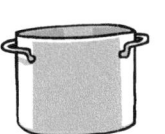

pottur
chungu

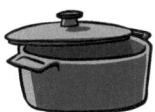

steypujárnspottur
sufuria ya chuma

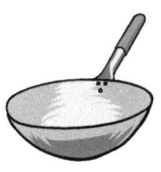

wok/kadai
wok / kadai

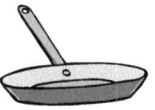

panna
kaango

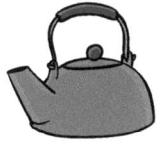

ketill
birika

gufukarfa

stima

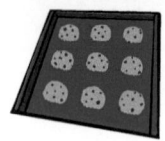

ofnform

sinia ya kuoka

leirtau

vyombo vya udongo

mál

kombe

skál

bakuli

prjónar

vijiti vya kulia

ausa

ukawa

spaði

mwiko mpana

pískur

burashi

sigti

kichujio

málmsigti

chujio

rifjárn

mbuzi

mortél

chokaa

grill

barbeque

opinn eldur

moto wazi

skurðarbretti

ubao wa majaribio

kökukefli

kijiti cha kusukuma unga

tappatogari

kizibuo

dós

kopo

dósaopnari

inaweza kopo

pottaleppur

kishikio cha chungu

vaskur

karo

bursti

brashi

svampur

sifongo

blandari

kisagaji matunda

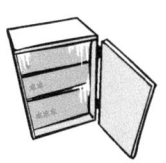

frystir

friji ya kina

peli

chupa ya mtoto

blöndunartæki

bomba

baðherbergi
bafu

upphitun
joto
handklæði
taulo
sturta
mfereji wa kuogea
sturtuhengi
pazia la kuogea
froðubað
maji ya kuoga yenye povu
baðkar
hodhi
glas
glasi
þvottavél
mashine ya kuosha
blöndunartæki
bomba
flísar
vigae
barnakoppur
poti
vaskur
karo

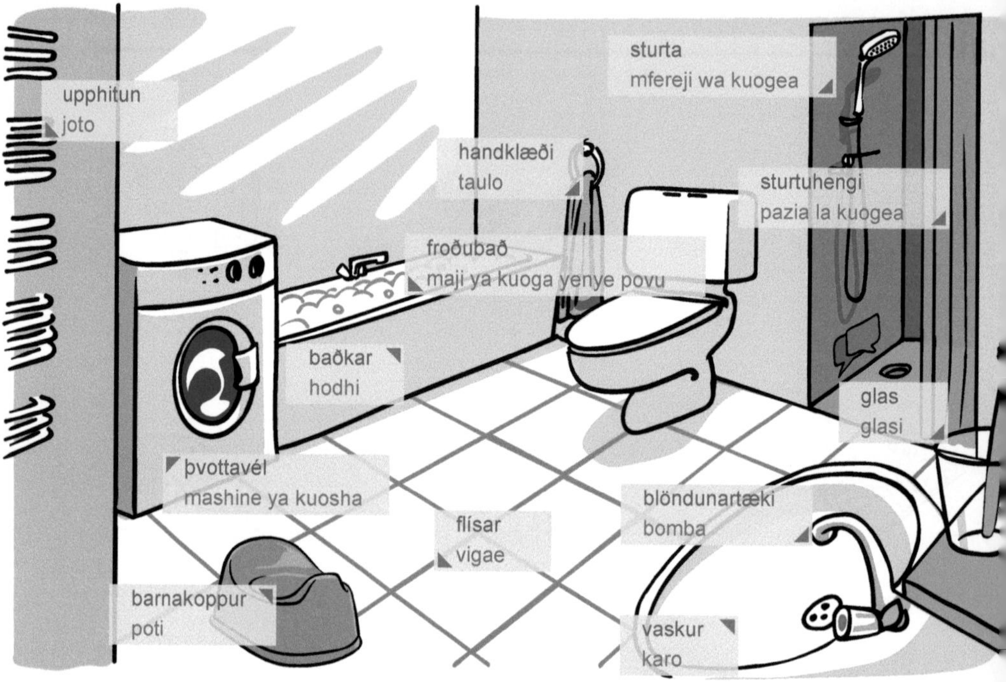

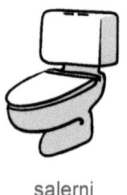

salerni

choo

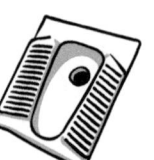

salerni án setu

choo cha squat

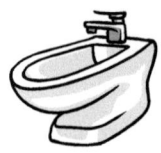

skolskál

beseni la mviringo

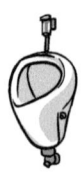

þvagskál

choo cha umma

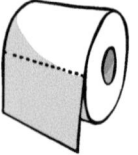

salernispappír

shashi

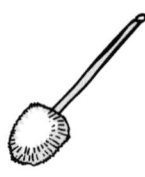

salernisbursti

brashi ya choo

tannbursti

mswaki

tannkrem

dawa ya meno

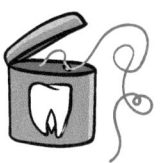

tannþráður

dawa ya meno

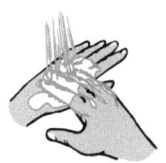

þvo

safisha

handsturta

kuoga mkono

salernissturta

msukumo wa maji

vaskur

bonde

bakbursti

mpako wa pili

sápa

sabuni

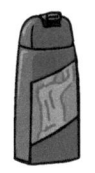

sturtugel

jeli ya kuogea

sjampó

shampuu

flannel

flana

niðurfall

toa maji

krem

krimu

svitalyktareyðir

kiondoa harufu

spegill
kioo

handspegill
kioo mkono

rakskafa
kinyozi

raksápa
povu la kunyoa

rakspíri
baada ya kunyoa

greiða
kichana

bursti
brashi

hárþurrka
kikausha nywele

hársprey
marashi ya nyewele

farði
vipodozi

varalitur
kidomwa

naglalakk
varnish ya msumari

bómull
pamba

naglaklippur
mkasi wa kucha

ilmvatn
manukato

þvottapoki

mkoba wa kuosha

kollur

kinyesi

vog

mizani

sloppur

nguo ya kuoga

gúmmíhanskar

glavu za mpira

tíðatappi

kisodo

dömubindi

sodo

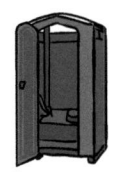

efnasalerni

kemikali choo

barnaherbergi

chumba ya mtoto

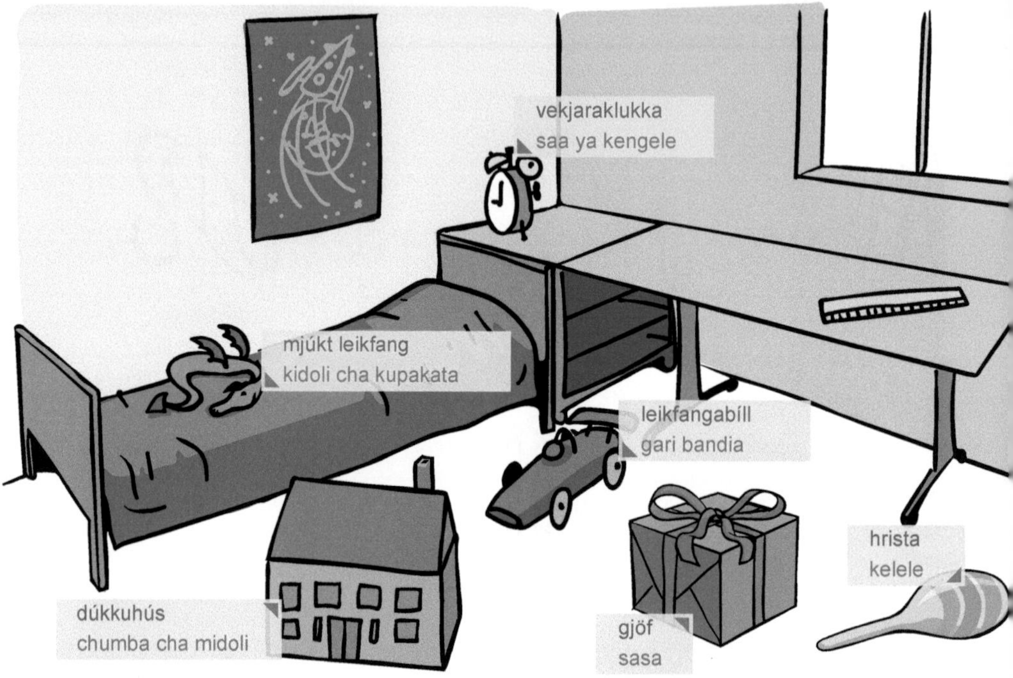

vekjaraklukka
saa ya kengele
mjúkt leikfang
kidoli cha kupakata
leikfangabíll
gari bandia
hrista
kelele
dúkkuhús
chumba cha midoli
gjöf
sasa

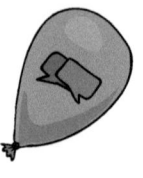

blaðra

baluni

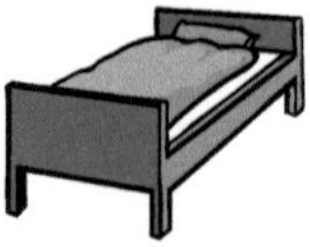

rúm

kitanda

barnavagn

mashua

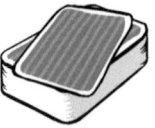

spilastokkur

staha ya kadi

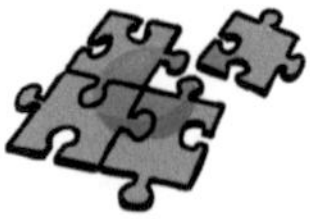

púsluspil

mchezo-fumb

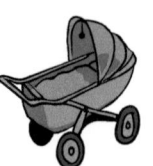

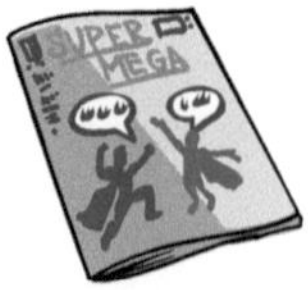

SUPER
MEGA

myndasaga

vichekesho

legókubbar

matofali lego

leikfangakubbar

vitalu mwigo

leikfangakall

hatua takwimu

samfestingur

suti ya kulalia

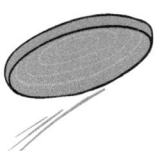

Frisbídiskur

kisahani

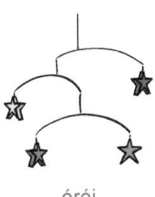

órói

simu

spilaborð

ubao wa michezo

teningar

kete

lestarlíkan

garimoshi mwigo

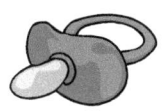

snuð

dummy

veisla

chama

myndabók

picha kitabu

bolti

mpira

brúða

kikaragosi

spila

kucheza

sandkassi

shimo la mchanga

sveifla

bembea

leikföng

vitu bandia

leikjatölva

kiweko cha video ya mchezo

þríhjól

baiskeli ya magurudumu

matatu

bangsi

mwanasesere

fataskápur

kabati

sokkar

soksi

kvensokkabuxur

stokingi

sokkabuxur

kibano

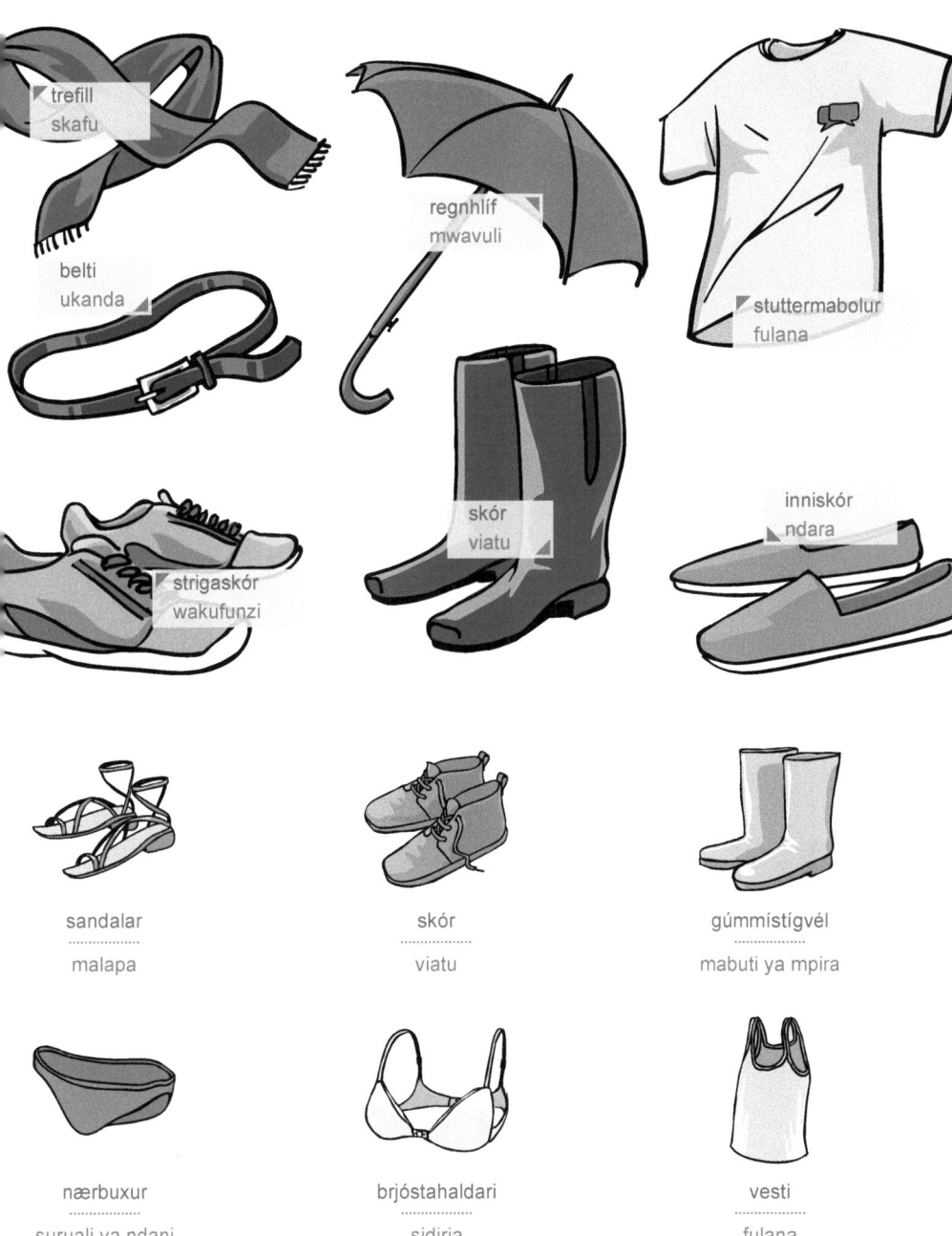

trefill
skafu

regnhlíf
mwavuli

stuttermabolur
fulana

belti
ukanda

inniskór
ndara

skór
viatu

strigaskór
wakufunzi

sandalar
malapa

skór
viatu

gúmmístígvél
mabuti ya mpira

nærbuxur
suruali ya ndani

brjóstahaldari
sidiria

vesti
fulana

samfella

mwili

buxur

suruali

gallabuxur

dangirizi

pils

sketi

blússa

blauzi

skyrta

shati

peysa

vuta

hettupeysa

sweta

jakki

bleza

jakki

jaketi

frakki

koti

regnfrakki

koti la mvua

dragt

maleba

kjóll

gauni

brúðarkjóll

mavazi ya harusi

jakkaföt

suti

náttkjóll

vazi la usiku

náttföt

pajama

Sari

sari

höfuðslæða

skafu

túrban

kilemba

búrka

burka

kaftan

kaftan

abaya

abaya

sundföt

vazi la kuogelea

sundbuxur

vazi la kiume la kuogelea

stuttbuxur

kaptura

íþróttagalli

teitei

svunta

aproni

hanskar

glavu

hnappur

kifungo

gleraugu

glasi

armband

bangili

hálsmen

mkufu

hringur

pete

eyrnalokkur

herini

húfa

kofia

herðatré

kiango cha koti

hattur

kofia

bindi

tai

rennilás

zipu

hjálmur

kofia

axlabönd

kanda za suruali

skólabúningur

sare za shule

einkennisbúningur

sare

smekkur

bibu

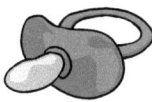

snuð

dummy

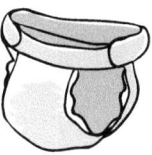

bleyja

nepi

skrifstofa
ofisi

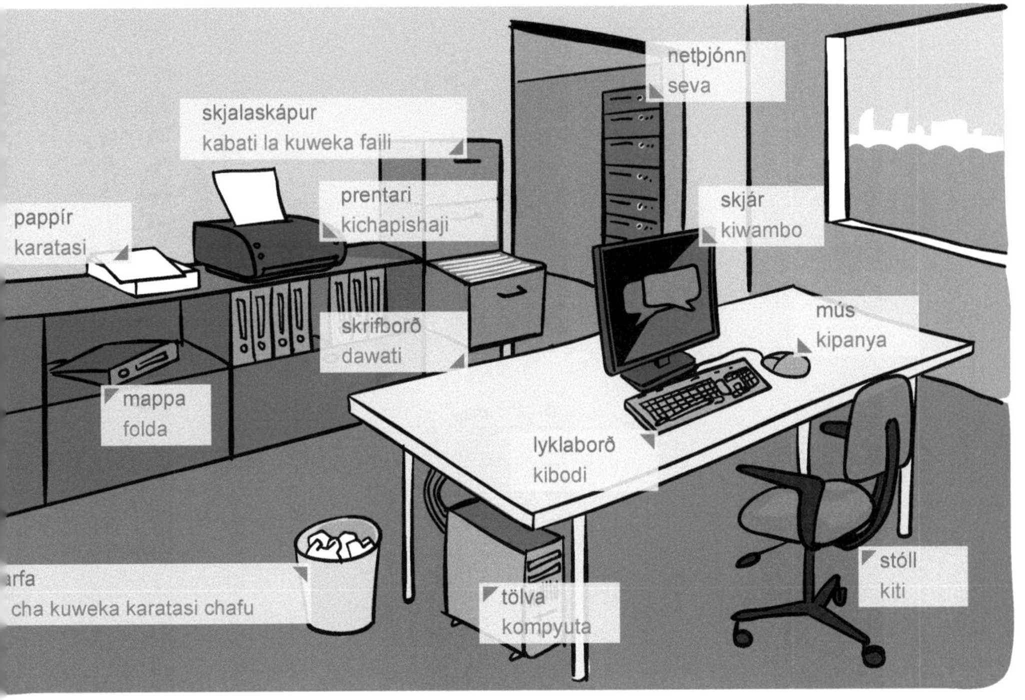

skjalaskápur
kabati la kuweka faili

netþjónn
seva

prentari
kichapishaji

skjár
kiwambo

pappír
karatasi

skrifborð
dawati

mús
kipanya

mappa
folda

lyklaborð
kibodi

arfa
cha kuweka karatasi chafu

tölva
kompyuta

stóll
kiti

kaffibolli

kmobe la kahawa

reiknivél

kikokotoo

internet

biashara

fartölva

mbali

bréf

barua

skilaboð

ujumbe

farsími

rununu

net

intaneti

ljósritunarvél

fotokopia

hugbúnaður

programu

sími

simu

innstunga

soketi

faxtæki

kipepesi

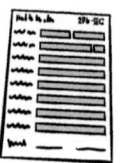

eyðublað

fomu

skjal

hati

skrifstofa - ofisi

kaupa

kununua

borga

kulipa

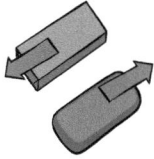

versla

biashara

peningar

fedha

dollari

dola

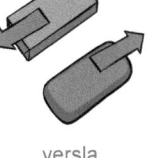

evra

yuro

jen

yeni

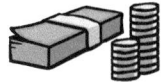

rúbla

rouble

svissneskur franki

faranga ya Uswisi

renminbi yuan

renminbi yuan

rúpíur

rupia

hraðbanki

eneo la kulipia

gjaldeyrisskipti

ofisi ya ubadilishanaji

gull

dhahabu

silfur

fedha

olía

mafuta

orka

nishati

verð

bei

samningur

mkataba

skattur

kodi

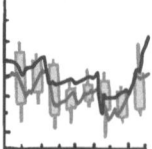

hlutabréf

bidhaa

vinna

kazi

starfsmaður

mfanyakazi

vinnuveitandi

mwajiri

verksmiðja

kiwanda

búð

duka

starfsgreinar
kazi

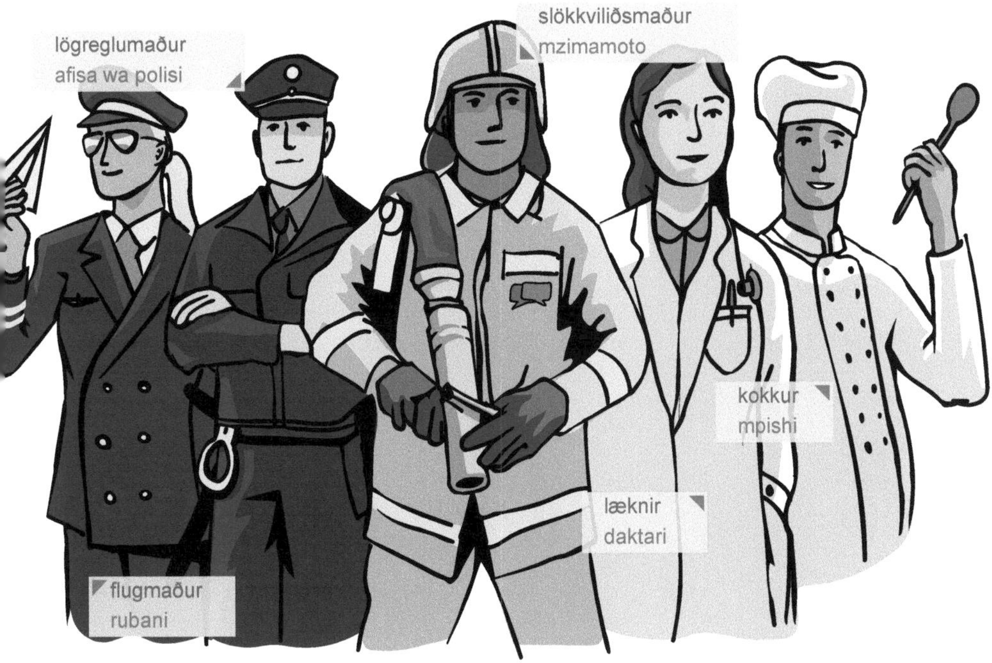

lögreglumaður
afisa wa polisi
slökkviliðsmaður
mzimamoto
kokkur
mpishi
læknir
daktari
flugmaður
rubani

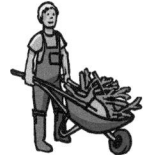

garðyrkjumaður

mtunza bustani

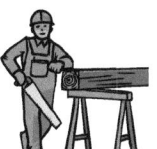

smiður

seremala

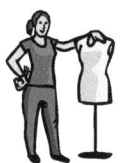

saumakona

mshonaji

dómari

hakimu

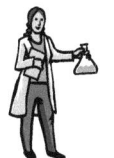

lyfjafræðingur

mwanakemia

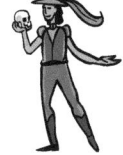

leikari

muigizaji

strætóbílstjóri

dereva wa basi

leigubílstjóri

dereva wa teksi

sjómaður

mvuvi

ræstitæknir

mwanamke wa kusafisha

þaksmiður

mwezekaji

þjónn

mhudumu

veiðimaður

mwindaji

málari

mchoraji

bakari

mwokaji

rafvirki

umeme

byggingaverkamaður

mjenzi

verkfræðingur

mhandisi

slátrari

mchinjaji

pípari

fundi bomba

póstmaður

mwanaposta

hermaður
mwanajeshi

arkitekt
msanifu majengo

gjaldkeri
keshia

blómasali
muuza maua

hárgreiðslumaður
msusi

lestarstjóri
kondakta

vélvirki
mekanika

skipstjóri
nahodha

tannlæknir
daktari wa meno

vísindamaður
mwanasayansi

rabbíi
rabbi

Imam
imamu

munkur
mtawa

prestur
kasisi

verkfæri
zana

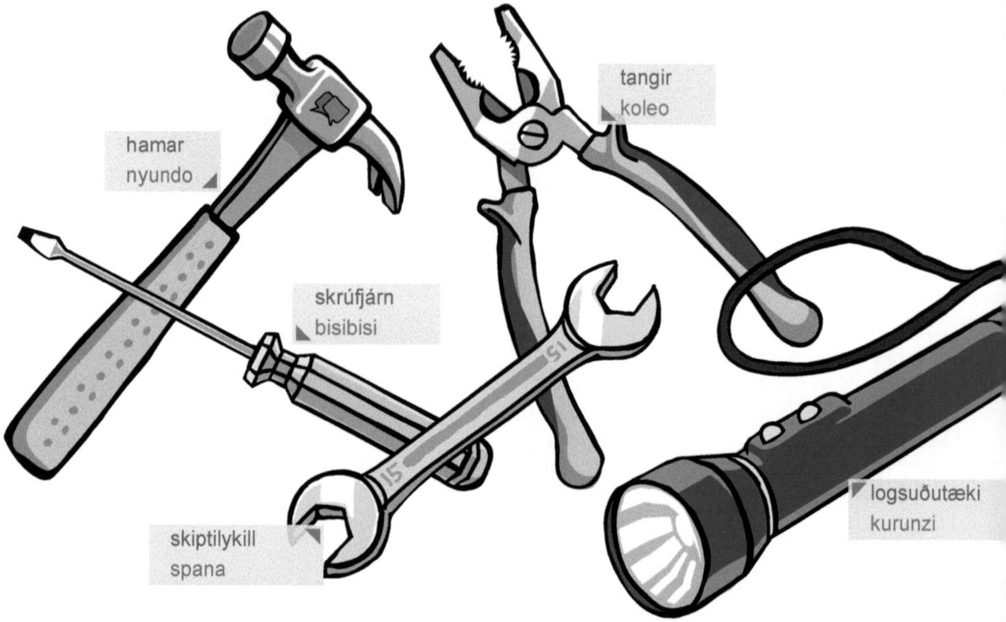
hamar
nyundo
tangir
koleo
skrúfjárn
bisibisi
logsuðutæki
kurunzi
skiptilykill
spana

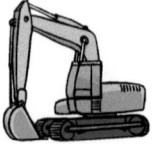

grafa

mchimbaji

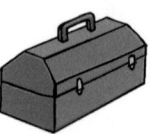

verkfærataska

sanduku la vifaa

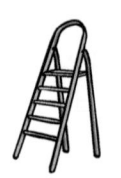

stigi

ngazi

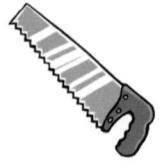

sög

msumeno

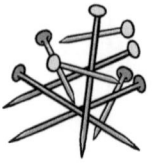

naglar

misumari

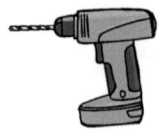

bor

kuchimba visima

gera við
kukarabati

skófla
sepetu

Fjandinn!
Lo!

fægiskófla
kishikio cha uchafu

málningarfata
chungu cha rangi

skrúfur
skurubu

hljóðfæri
ala za muziki

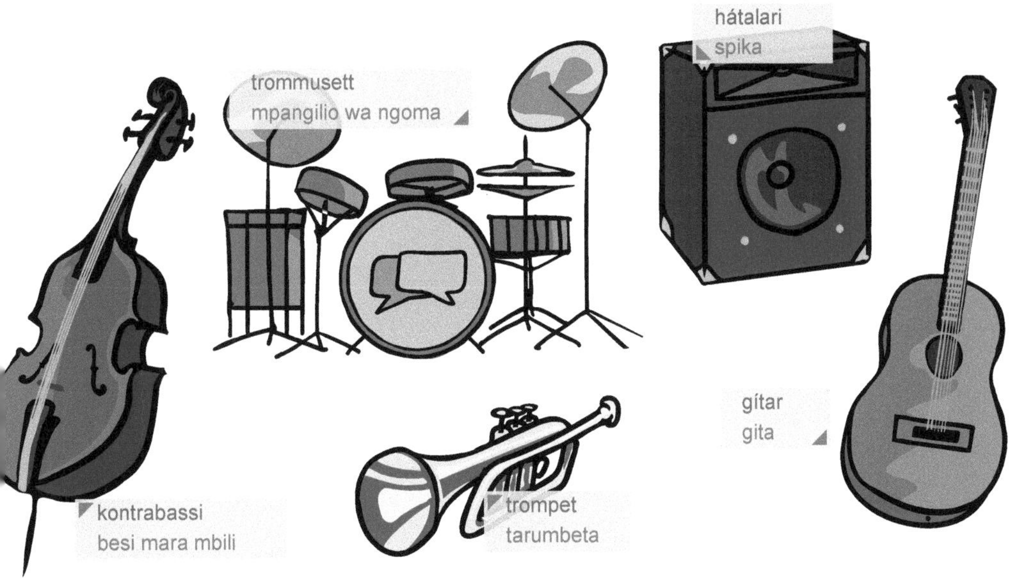

hátalari
spika

trommusett
mpangilio wa ngoma

gítar
gita

kontrabassi
besi mara mbili

trompet
tarumbeta

píanó

piano

fiðla

fidla

bassi

ubeji

pákur

timpani

trommur

ngoma

hljómborð

kibodi

saxófónn

saksafoni

flauta

filimbi

hljóðnemi

maikrofoni

tígrisdýr
simbamarara

inngangur
lango la kuingia

búr
ngome

sebrahestur
pundamilia

fóður
chakula cha mifugo

pandabjörn
panda

dýr

wanyama

fíll

tembo

kengúra

kangaruu

nashyrningur

kifaru

górilla

sokwe

skógarbjörn

dubu

úlfaldi

ngamia

strútur

mbuni

ljón

simba

api

tumbili

flamingó

heroe

páfagaukur

kasuku

ísbjörn

dubu

mörgæs

penguini

hákarl

papa

páfugl

tausi

snákur

nyoka

krókódíll

mamba

dýragarðsvörður

mtunza wanyama

selur

muhuri

jagúar

jaguar

hestur

mwanafarasi

hlébarði

chui

flóðhestur

kiboko

gíraffi

twiga

örn

tai

villisvín

nguruwe mwitu

fiskur

samaki

skjaldbaka

kobe

rostungur

sili

refur

mbweha

gasella

paa

Amerískur fótbolti
soka ya marekani

hjólreiðar
uendeshaji baiskeli

tennis
tenisi

körfubolti
mpira wa kikapu

sund
kuogelea

hnefaleikar
ndondi

íshokkí
magongo ya barafuni

fótbolti

soka

hnit

vinyoya

frjálsar íþróttir

riadha

handbolti

mpira wa mikono

skíði

skii

póló

polo

hlæja
cheka

hoppa
kuruka

faðma
kumbatia

ganga
kutembea

syngja
kuimba

dreyma
ota ndoto

biðja
kuomba

kyssa
busu

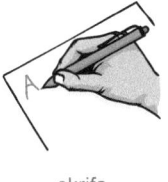

skrifa
kuandika

teikna
kuteka

sýna
angalia

ýta
sukuma

gefa
kutoa

taka
kuchukua

hafa
kuwa

gera
fanya

vera
kuwa

standa
kusimama

hlaupa
kukimbia

draga
vuta

kasta
kutupa

detta
kuanguka

ljúga
hadaa

bíða
kusubiri

bera
kubeba

sitja
kukaa

klæða sig
vaa nguo

sofa
usingizi

vakna
kuamka

líta á

kuangalia

gráta

lia

strjúka

kiharusi

greiða

chana nywele

tala

ongea

skilja

kuelewa

spyrja

kuuliza

hlusta

kusikiliza

drekka

kunywa

borða

kula

taka til

nadhifisha

elska

upendo

elda

mpishi

keyra

gari

fljúga

kuruka

sigla
meli

reikna
kokotoa

lesa
kusoma

læra
kujifunza

vinna
kazi

giftast
kuoa

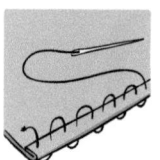

sauma
kushona

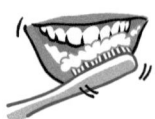

bursta tennur
piga mswaki

drepa
kuua

reykja
moshi

senda
kutuma

amma
bibi

afi
babu

faðir
baba

móðir
mama

barn
mtoto

dóttir
binti

sonur
bin

gestur

mgeni

frænka

shangazi

frændi

mjomba

bróðir

kaka

systir

dada

líkami

mwili

enni
paji la uso
auga
jicho
öxl
bega
fingur
kidole
andlit
uso
haka
kidevu
hönd
mkono
fótleggur
mguu
brjóst
matiti
handleggur
mkono

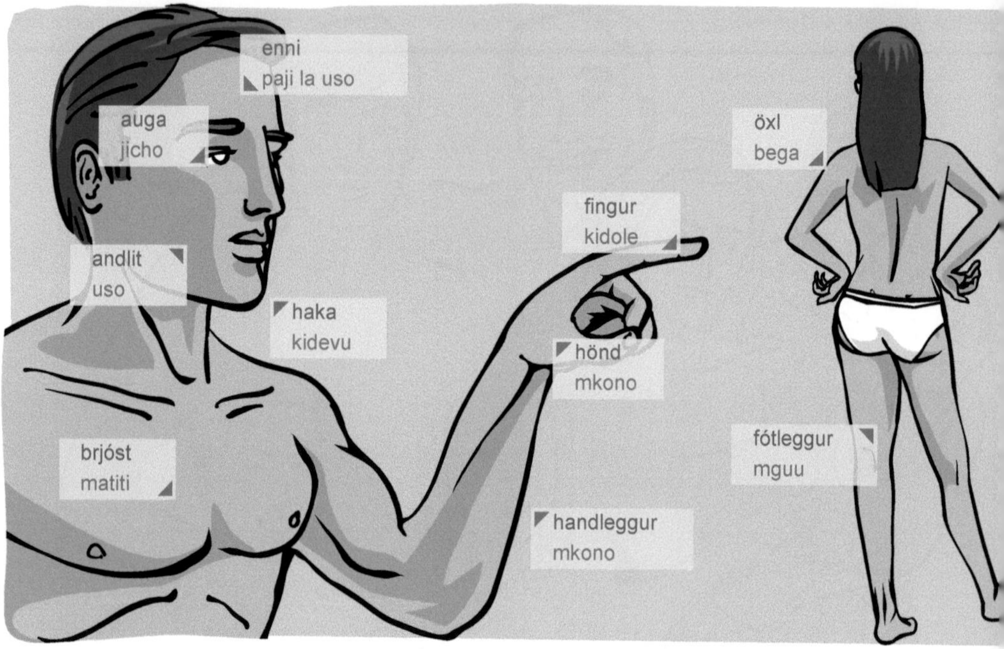

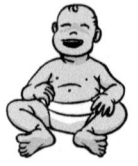

barn

mtoto

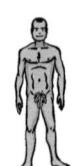

maður

mwanamume

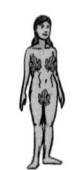

kona

mwanamke

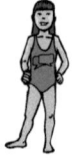

stúlka

msichana

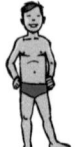

drengur

mvulana

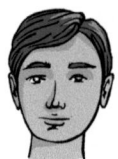

höfuð

kichwa

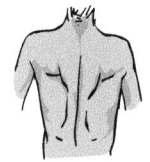

bak
....
nyuma

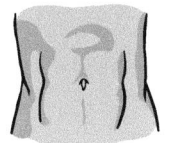

kviður
....
tumbo

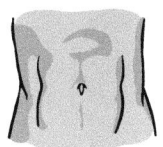

nafli
....
kitovu

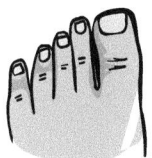

tá
....
chano

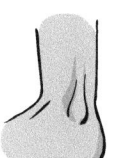

hæll
....
kisigino

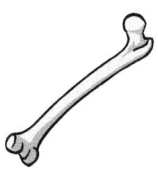

bein
....
mfupa

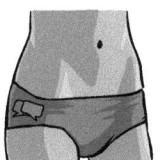

mjöðm
....
nyonga

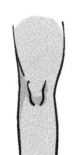

hné
....
goti

olnbogi
....
kiwiko

nef
....
pua

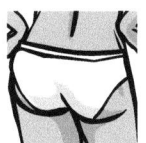

rass
....
chini

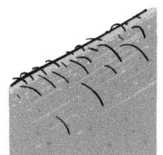

húð
....
ngozi

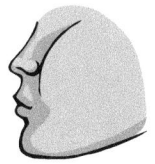

kinn
....
shavu

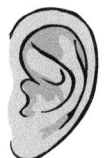

eyra
....
sikio

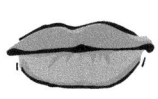

vör
....
mdomo

	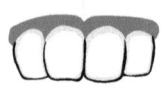	
munnur	tönn	tunga
kinywa	jino	ulimi
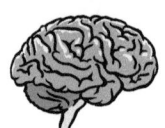	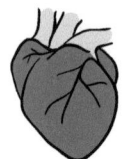	
heili	hjarta	vöðvi
ubongo	moyo	misuli
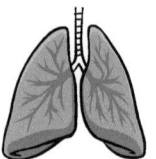		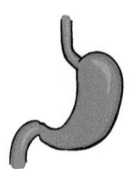
lunga	lifur	magi
pafu	ini	tumbo
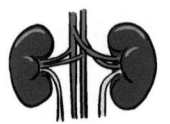		
nýru	kynmök	smokkur
figo	jinsia	kondomu
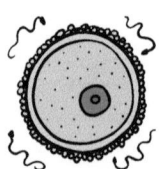		
eggfruma	sæði	ólétta
ovari	shahawa	mimba

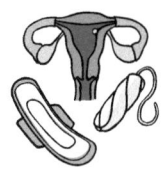

tíðir
hedhi

leggöng
uke

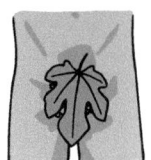

typpi
uume

augabrún
unyusi

hár
nywele

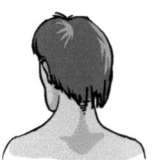

háls
shingo

sjúkrahús
hospitali

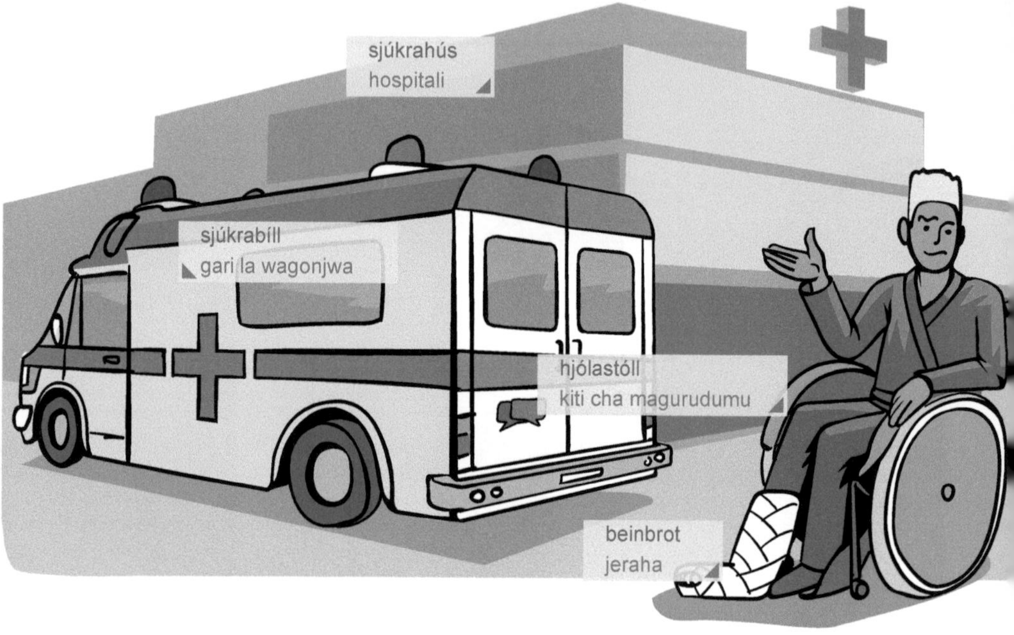

sjúkrahús
hospitali
sjúkrabíll
gari la wagonjwa
hjólastóll
kiti cha magurudumu
beinbrot
jeraha

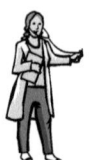

læknir

daktari

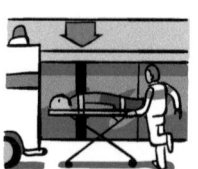

bráðamóttaka

chumba cha dharura

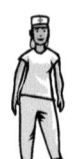

hjúkrunarfræðingur

muuguzi

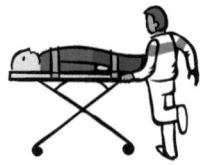

neyðartilvik

dharura

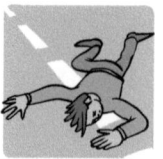

meðvitundarlaus

kupoteza fahamu

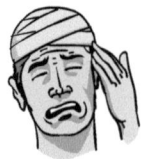

verkir

maumivu

meiðsli
kuumia

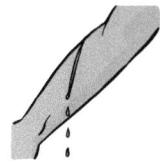

blæðing
kutokwa na damu

hjartaáfall
mshtuko wa moyo

heilablóðfall
kiharusi

ofnæmi
mzio

hósti
kikohozi

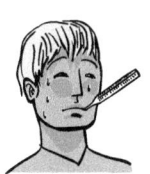

hiti
homa

flensa
mafua

niðurgangur
kuharisha

höfuðverkur
maumivu ya kichwa

krabbamein
kansa

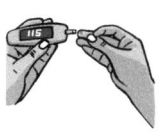

sykursýki
ugonjwa wa kisukari

skurðlæknir
daktari mpasuaji

skurðhnífur
kisu kidogo cha kupasulia

aðgerð
operesheni

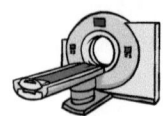

sneiðmyndataka

picha changanufu ya mwili

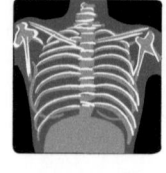

röntgengeisli

Eksrei

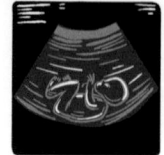

ómskoðun

mawimbi sauti

andlitsgríma

barakoa ya uso

sjúkdómur

ugonjwa

biðstofa

chumba cha kusubiri

hækja

mkongojo

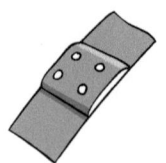

gifs

plasta

sáraumbúðir

bendeji

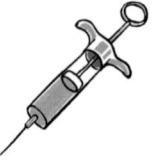

sprauta

sindano

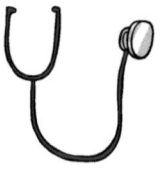

hlustunarpípa

stetoskopu

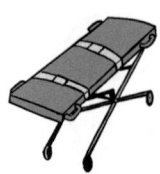

börur

machela

líkamshitamælir

kipimajoto cha kliniki

fæðing

kuzaliwa

yfirvigt

unene kupita kiasi

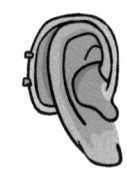

heyrnartæki

kusikia misaada

sótthreinsiefni

kipukusi

sýking

maambukizi

veira

virusi

HIV / AIDS

VVU / UKIMWI

lyf

dawa

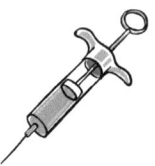

bólusetning

chanjo

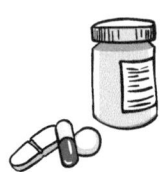

töflur

vidonge

pilla

kidonge

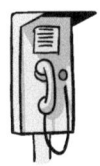

neyðarsímtal

simu ya dharura

blóðþrýstingsmælir

haemodainamometa

lasinn / heilbrigður

mgonjwa / mwenye afya

Hjálp!

Msaada!

viðvörun

kengele

líkamsárás

pigo

árás

shambulizi

hætta

hatari

neyðarútgangur

lango la dharura

Eldur!

Moto!

slökkvitæki

kizima moto

slys

ajali

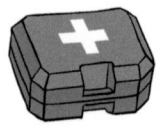

skyndihjálparbúnaður

vifaa vya huduma ya
kwanza

SOS

wito wa msaada

lögregla

polisi

Evrópa

Ulaya

Norður-Ameríka

Amerika ya Kaskazini

Suður-Ameríka

Amerika ya Kusini

Afríka

Afrika

Asía

Asia

Ástralía

Australia

Atlantshaf

Atlantiki

Kyrrahaf

Pasifiki

Indlandshaf

Bahari ya Hindi

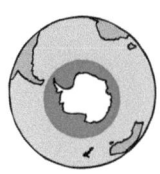

Suður-Íshaf

Bahari ya Antaktiki

Norður-Íshaf

Bahari ya Aktiki

Norðurpóll

Ncha ya Kaskazini

Suðurpóll

Ncha ya Kusini

Suðurskautslandið

Antaktika

Jörð

dunia

land

nchi

sjór

bahari

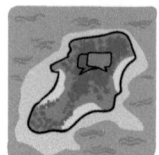

eyja

kisiwa

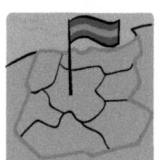

þjóð

taifa

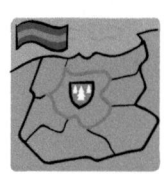

ríki

jimbo

klukkuskífa

uso wa saa

litli vísir

akrabu ya saa

stóri vísir

akrabu ya dakika

sekúnduvísir

akrabu ya sekunde

Hvað er klukkan?

Ni saa ngapi?

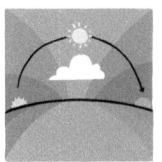

dagur

siku

tími

wakati

nú

sasa

tölvuúr

saa ya dijitali

mínúta

dakika

klukkustund

saa

vika

wiki

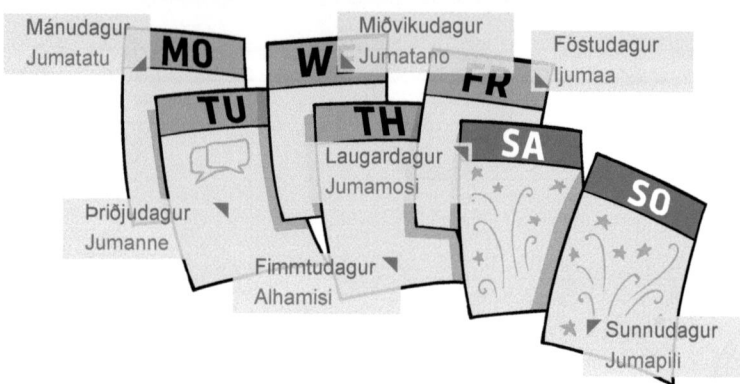

Mánudagur
Jumatatu

MO

W

Miðvikudagur
Jumatano

Föstudagur
Ijumaa

FR

TU

TH

SA

Þriðjudagur
Jumanne

Laugardagur
Jumamosi

SO

Fimmtudagur
Alhamisi

Sunnudagur
Jumapili

í gær

jana

í dag

leo

á morgun

kesho

morgunn

asubuhi

hádegi

saa sita mchana

kvöld

jioni

virkir dagar

siku za biashara

helgi

mwishoni mwa wiki

regnbogi
upinde wa mvua

rigning
mvua

snjór
theluji

vindur
upepo

vor
majira ya machipuko

haust
vuli

sumar
kiangazi

vetur
majira ya baridi

4.APRIL	11°	☀
5.APRIL	4°	☁
6.APRIL	13°	☂
7.APRIL	8°	☀
8.APRIL	10°	☀

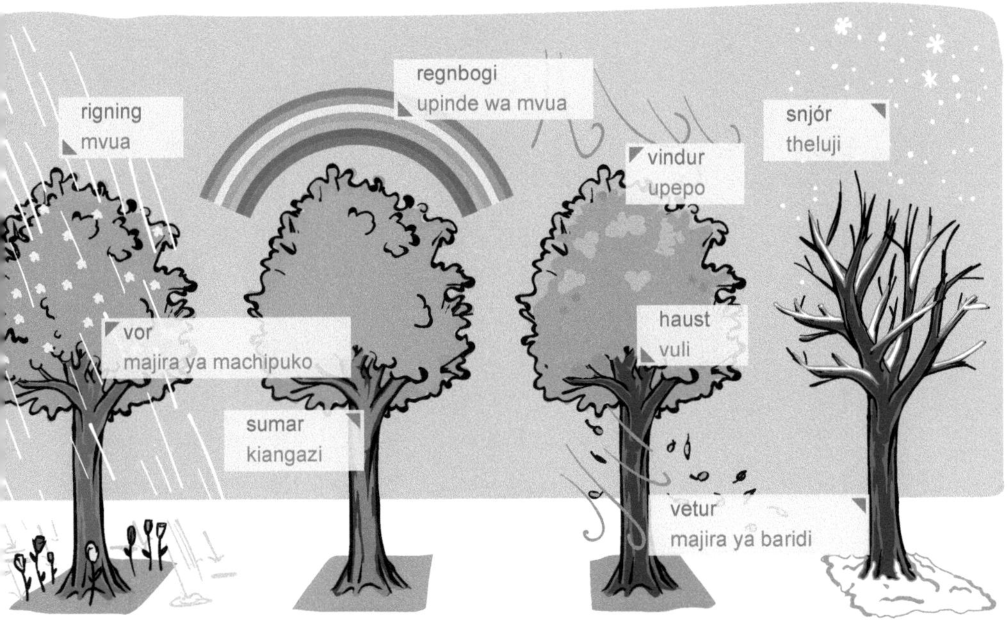

veðurspá
utabiri wa hali ya hewa

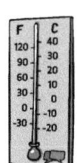

hitamælir
kipimajoto

sólskin
mwanga wa jua

ský
wingu

þoka
ukungu

raki
unyevu

eldingar

umeme

þrumuveður

radi

stormur

dhoruba

haglél

mvua ya mawe

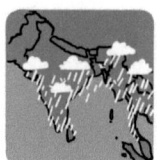

monsún

monsuni

flóð

mafuriko

ís

barafu

Janúar

Januari

Febrúar

Februari

Mars

Machi

Apríl

Aprili

Maí

Mei

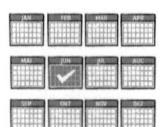

Júní

Juni

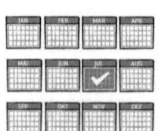

Júlí

Julai

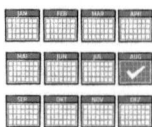

Ágúst

Agosti

September
....
Septemba

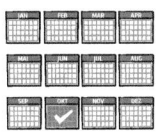

Október
....
Oktoba

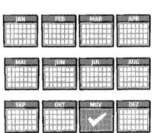

Nóvember
....
Novemba

Desember
....
Desemba

form
maumbo

hringur
....
mduara

ferningur
....
mraba

rétthyrningur
....
mstatili

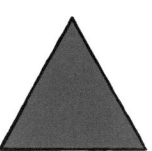

þríhyrningur
....
pembetatu

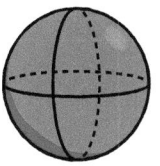

kúla
....
nyanja

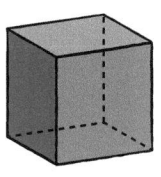

teningur
....
mchemraba

hvítur

nyeupe

gulur

manjano

appelsínugulur

chungwa

bleikur

rangi ya waridi

rauður

nyekundu

fjólublár

hudhurungi

blár

bluu

grænn

kijani

brúnn

hanja

grár

jivujivu

svartur

nyeusi

mikið / lítið

mengi / kidogo

reiður / rólegur

hasira / pole

fallegur / ljótur

nzuri / mbaya

upphaf / endir

mwanzo / mwisho

stór / lítill

kubwa / ndogo

bjartur / dimmur

angavu / giza

bróðir / systir

kaka / dada

hreinn / óhreinn

safi / chafu

heill / ófullnægjandi

kamilika / tokamilika

dagur / nótt

siku / usiku

dauður / lifandi

wafu / hai

breiður / mjór

pana / nyembamba

ætur / óætur
kulika / kutolika

vondur / góður
ovu / ema

spenntur / leiður
sisimkwa / udhika

feitur / mjór
nene / nyembamba

fyrstur / síðastur
kwanza / mwisho

vinur / óvinur
rafiki / adui

fullur / tómur
jaa / tupu

harður / mjúkur
ngumu / laini

þungur / léttur
nzito / nyepesi

svangur / þyrstur
njaa / kiu

lasinn / heilbrigður
mgonjwa / mwenye afya

ólöglegur / löglegur
haramu / kisheria

greindur / heimskur
akili / kijinga

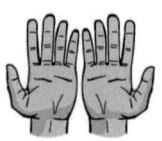

vinstri / hægri
kushoto / kulia

nálægur / fjarlægur
karibu / mbali

nýr / notaður

mpya / kutumika

ekkert / eitthvað

kitu / jambo

gamall / ungur

zee / changa

kveikt / slökkt

waka / zima

opna / loka

wazi / fungwa

Lágvær / hávær

utulivu / kelele

ríkur / fátækur

tajiri / masikini

rétt / rangt

sahihi / kosa

grófur / sléttur

mbaya / laini

rgbitinn / hamingjusamur

huzunika / furahia

stutt / lengi

fupi /ndefu

hægt / hratt

polepole / haraka

blautur / þurr

nyevu / kavu

heitur / kaldur

joto / baridi

stríð / friður

vita / amani

0

núll

sufuri

1

einn

moja

2

tveir

mbili

3

þrír

tatu

4

fjórir

nne

5

fimm

tano

6

sex

sita

7

sjö

saba

8

átta

nane

9

níu

tisa

10

tíu

kumi

11

ellefu

kumi na moja

12

tólf

kumi na mbili

13

þrettán

kumi na tatu

14

fjórtán

kumi na nne

15

fimmtán

kumi na tano

16

sextán

kumi na sita

17

sautján

kumi na saba

18

átján

kumi na nane

19

nítján

kumi na tisa

20

tuttugu

ishirini

100

hundrað

mia

1.000

þúsund

elfu

1.000.000

milljón

milioni

Enska

Kiingereza

Amerísk enska

Kiingereza cha Marekani

Mandarin-kínverska

Kimandarini cha Uchina

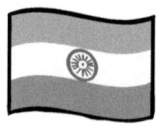

Hindí

Kihindi

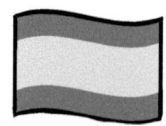

Spænska

Kihispania

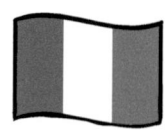

Franska

Kifaransa

Arabíska

Kiarabu

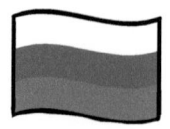

Rússneska

Kirusi

Portúgalska

Kireno

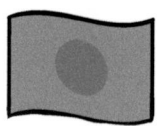

Bengali

Kibengali

Þýska

Kijerumani

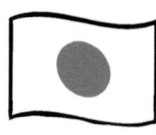

Japanska

Kijapani

ég

mimi

þú

wewe

hann / hún / það

yeye / yeye / ni

við

sisi

þú

wewe

þeir

wao

hver?

nani?

hvað?

nini?

hvernig?

jinsi gani?

hvar?

wapi?

hvenær?

lini?

nafn

jina

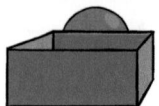

bakvið

nyuma

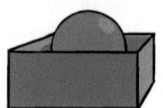

í

katika

fyrir framan

mbele ya

yfir

juu ya

á

kwenye

undir

chini ya

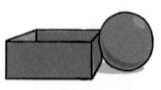

við hliðina

kando

milli

kati

sæti

mahali